Inhalt

Erdgaskrise - Gaskonflikt lässt Ruf nach Mehr Staat in der Gasbevorratung laut werden

Kernthesen

Beitrag

Fallbeispiele

Zahlen und Fakten

Weiterführende Literatur

Impressum

GENIOS BranchenWissen Nr. 01/2009 vom 20.01.2009

Erdgaskrise - Gaskonflikt lässt Ruf nach Mehr Staat in der Gasbevorratung laut werden

Autor GENIOS BranchenWissen: A.Schneider

Kernthesen

- Seit 7. Januar 2009 sind die Gaslieferungen aus Russland durch die Ukraine zum Erliegen gekommen. Osteuropa ist aufgrund seiner hohen Abhängigkeit vom russischen Gas besonders stark betroffen.
- Russland ist der weltweit größte Gaslieferant. Deutschland bezieht sein Gas zu 37 Prozent aus Russland, 24 Prozent kommen aus Norwegen, 18 Prozent aus den

Niederlanden.
- Kurz-, mittel- und langfristige Lösungswege werden diskutiert. In Deutschland wird unter anderem der Ruf nach einer staatlich verordneten zwangsweisen nationalen Gasreserve wieder lauter.

Beitrag

Der zu Silvester aufgeflammte Gaskonflikt zwischen Russland und der Ukraine offenbart erneut die Achillesferse der europäischen Volkswirtschaften: die hohe Importabhängigkeit der EU bei der Energieversorgung und insbesondere bei Erdgas.

Russisch-ukrainischer Konflikt unterbricht Gaslieferungen nach Osteuropa und in die EU

Der anhaltend schwelende Gasstreit zwischen Russland und der Ukraine liest sich wie ein Fortsetzungsroman, der nach der Krise von 2006, als es erstmals zu Lieferausfällen in der EU gekommen war, in diesen kalten Wintermonaten einen weiteren Höhepunkt erreicht hat. Eigentlich hat sich nicht viel verändert: Lieferland Russland dreht den Gashahn zu, Transitland Ukraine schließt die Pipelines, zahlt nicht oder zu wenig oder zumindest nicht das, was sich Russland unter Weltmarktpreisen vorstellt. Die Ukraine schiebt die Schuld auf Russland, Russland schiebt die Schuld auf die Ukraine, beide beteuern Verhandlungsbereitschaft. Russlands Image als Energielieferant und das der Ukraine als Transitland sind beschädigt. Derweil friert Osteuropa, empört sich die EU und bezweifelt die Sicherheit russischer Gaslieferungen, Ex-Kanzler Schröder lässt wieder von sich hören und Freund Putin lädt ein nach Moskau zum Krisengipfel. (1)

Ganz so einfach ist es natürlich nicht, schließlich spielen viele Interessen eine Rolle. Fakt ist jedenfalls, dass in der Nacht zum 7. Januar 2009 die Gaslieferungen aus Russland durch die Ukraine in die EU ganz zum Erliegen gekommen sind. Am deutsch-tschechischen Übergabepunkt Waidhaus kam kein Gas mehr an.
Die osteuropäischen Länder leiden besonders stark unter dem Ausfall russischer Gaslieferungen. Mazedonien, die Slowakei, Estland und Bulgarien beziehen zwischen 96 und 100 Prozent ihres Erdgases aus Russland. Ungarn ist zu 80 Prozent vom russischen Erdgas abhängig. Die Türkei deckt 64 Prozent ihres Erdgasbedarfs aus Russland. Rumänien bestreitet immerhin mehr als die Hälfte seines Erdgasverbrauchs aus eigener Förderung, Kroatien

sogar zu sechzig Prozent. [Abb.1]

Dagegen nimmt sich die Abhängigkeit Deutschlands von russischen Gaslieferungen mit 37 Prozent nahezu bescheiden aus. 24 Prozent kommen aus Norwegen, 18 Prozent aus den Niederlanden. Beim Energieversorger E.ON Ruhrgas beispielsweise hat Russland einen Lieferanteil von 26 Prozent, der Rest kommt vor allem aus Norwegen und den Niederlanden. Darüberhinaus hat das Unternehmen zwölf Erdgasspeicher, mit denen die Kundenversorgung sichergestellt werden kann. (2), (3)

Erdgasverbrauch in Deutschland weiter steigend

Nach ersten Berechnungen der Arbeitsgemeinschaft Energiebilanzen (AGEB) stieg der Primärenergieverbrauch in Deutschland 2008 auf rund 480 Millionen Tonnen Steinkohleeinheiten. Das waren zwei Prozent oder 10 Millionen Tonnen Steinkohleeinheiten mehr als im Vorjahr. Vor allem die kühleren Temperaturen im Vergleich zum Vorjahr trugen zur höheren Nachfrage nach Wärmeenergien bei. Und bei der Wärme spielt das Erdgas eine gewichtige Rolle. Fast jeder zweite Haushalt in Deutschland heizt mit Gas, in der Industrie wird es zur Erzeugung von Prozessenergie wie eben Wärme verwendet. Nur elf Prozent des in Deutschland verbrauchten Stroms hingegen werden in Gaskraftwerken produziert. [Abb.2]

Erdgas wird zunehmend beliebter, wie die Zahlen zur Verbrauchsentwicklung belegen. Der Verbrauch nahm 2008 gegenüber dem Vorjahr um knapp drei Prozent auf 109,5 Millionen Tonnen Steinkohleeinheiten zu. Dabei steigerte die im Vergleich zum Vorjahr kühlere Witterung im ersten Halbjahr die Nachfrage bei den privaten Haushalten. Der industrielle Erdgasverbrauch stagnierte infolge der konjunkturellen Eintrübung. Dagegen erhöhte sich der Erdgaseinsatz zur Stromerzeugung um rund acht Prozent.
Nach neuen Berechnungen des Statistischen Bundesamtes verbrauchte die Industrie (Bergbau, verarbeitendes Gewerbe, Stromerzeugung) im Jahre 2007 knapp 58 Prozent des Gasangebots. Gut 28 Prozent entfielen auf private Haushalte, 12,8 Prozent an "sonstige" Abnehmer wie Behörden und öffentliche Einrichtungen.

Russland weltweit größter Gaslieferant

Das Erdgasangebot in Westeuropa sinkt.

Deutschland kann rund 15 Prozent seines Erdgasverbrauchs aus heimischen Quellen decken. Das meiste liegt in Niedersachsen. Es wird aber immer weniger gefördert. Auch die großen Lagerstätten in den Niederlanden und in der britischen Nordsee werden wohl in einigen Jahren erschöpft sein. Und so muss notgedrungen importiert werden. Mehr als 60 Prozent des europäischen Gasverbrauchs müssen eingeführt werden. Die EU-Kommission schätzt, dass bis 2030 die EU-Staaten sogar 95 Prozent ihres Ölbedarfs und mehr als 80 Prozent ihres Gasverbrauchs von Drittstaaten zukaufen müssen.

Der weltweit größte Gaslieferant ist Russland und wird es bleiben. Die EU-Kommission schätzt, dass bis zu sechzig Prozent des EU-Gasimports in zwanzig Jahren von dort stammen könnten. Im Jahr 2006, aus dem die letzten veröffentlichten Statistiken stammen, waren es noch 42 Prozent. Dabei nehmen 80 Prozent des russischen Gases, das für Europa bestimmt ist, seinen Weg durch die Ukraine. Über weitere große Gasvorräte verfügen der Iran, Katar, Venezuela, Nigeria, Kasachstan und Turkmenistan. (4)

Als alternative Lieferanten stehen der EU derzeit vor allem Norwegen mit einem Anteil von 24,2 Prozent und Algerien mit einem Anteil von 18,2 Prozent zur Verfügung. Dabei ist in der EU der Grad der

Importabhängigkeit von Land zu Land sehr verschieden. Großbritannien und die Niederlande etwa verfügen noch über große Gasvorkommen, Bulgarien ist dagegen vollständig von den russischen Lieferungen über die Ukraine abhängig. Nimmt man andere Energieträger hinzu, dann ergibt sich ein sehr gemischtes Bild. Kleine Mitgliedstaaten wie Zypern, Malta und Luxemburg müssen ihre Energie komplett im Ausland kaufen. Polen dagegen ist mit einer Abhängigkeit von etwa 20 Prozent noch meisten autark; das Land verfügt über eine große heimische Kohleförderung. Deutschland liegt mit 61 Prozent über dem EU-Durchschnitt von etwa 54 Prozent. (5)

Wege aus der Krise

Lösungsansätze, um die aktuelle Krise zu meistern und für die Zukunft gewappnet zu sein, gibt es viele. Deutschland verfügt über eine gewisse Menge an Erdgasspeichervorräten; kurzfristig kann auch mehr Gas aus den Niederlanden eingeführt werden. Die EU-Staaten können sich in gewissem Umfang auch gegenseitig aushelfen, sofern es die Vorräte zulassen und Leitungen existieren. So hat in der Tat Eon Ruhrgas damit begonnen, den besonders von Lieferunterbrechungen betroffenen mitteleuropäischen Staaten Gas zu liefern. Vor allem die osteuropäischen Staaten sähen mehr EU-Solidarität in Krisenzeiten gerne, logisch, sie sind ja vom Aussetzen der russischen Gaslieferungen am meisten betroffen und haben am wenigsten Speicherkapazitäten.

Mittelfristig müssen die Gasbezugsquellen und lieferwege weiter diversifiziert werden. Dabei wird auch das Flüssiggas (LNG Liquid Natural Gas) eine immer wichtigere Rolle spielen. Brüssel plädiert dafür, dass mehr Flüssiggasterminals in der EU gebaut werden.
Alternative Pipelinerouten, die das Gas unter Umgehung der Ukraine transportieren, gibt es bereits, beispielsweise die Jamal-Pipeline, die durch Weißrussland und Polen führt. Allerdings sind die Kapazitäten deutlich geringer. Weitere sollen noch gebaut werden, so etwa die Nordstream-Pipeline, die von Russland durch die Ostsee bis nach Greifswald führen soll, oder die Nabucco-Pipeline von der türkischen Ostgrenze bis nach Österreich.
Während des aktuellen Konflikts leitete Gazprom erhöhte Mengen Erdgas statt durch die Ukraine über die Nordroute durch Weißrussland und Polen nach Deutschland. Auf der nördlichen Route durch Weißrussland und Polen, die Deutschland bei Schwedt an der Oder erreicht, war die Lage normal.

Um die Importabhängigkeit nicht weiter zu erhöhen,

sollen langfristig die Erneuerbaren Energien weiter ausgebaut werden. Die EU-Mitgliedsstaaten haben vereinbart, dass sie bis 2020 von heute neun Prozent auf einen Anteil von 20 Prozent am Energieverbrauch ausgebaut werden sollen.
Auch in Deutschland wird wieder über den optimalen Energiemix diskutiert. Setzt mehr auf die heimische Braunkohle, sagen die einen, reaktiviert unsere Atomkraftwerke, fordern die anderen, baut die Gaskraftwerke aus, empfehlen die Dritten. (6)

Auf dem politischen Parkett sind die EU-Politiker gefordert, Russland und die Ukraine darin zu unterstützen, ihren Konflikt beiseite zu legen und langfristige Lieferverträge mit fairen Preisen für beide aufzusetzen. Und die EU-Politiker sind natürlich aktiv; sie telefonieren, treffen sich, diskutieren, drohen und bewirken doch nicht viel. Zu viele divergierende politische und wirtschaftliche Interessen und Verbindungen gilt es zu vereinen, russische und ukrainische Politiker und Geschäftsleute, die mächtige Gazprom, die dubiose Rolle des Gas-Zwischenhändlers RosUkrEnergo, die umstrittene angestrebte EU-Mitgliedschaft der Ukraine, die in Polen so unbeliebte Ostsee-Pipeline und vieles mehr. (7)

Rufe nach staatlicher Gasbevorratung werden lauter

Lauter werden auch die Stimmen, die eine staatliche Gasbevorratung wünschen. Beim Erdöl gibt es die bereits; seit 1974 verfügt Deutschland über eine strategische Ölreserve, die für neunzig Tage reicht. Die Unternehmen der Mineralölwirtschaft müssen sich an der Ölreserve beteiligen. Beim Erdgas gibt es derzeit keine nationale Gasreserve. Für die Gasbevorratung sind allein die Unternehmen zuständig, einen staatlich vorgeschriebenen Zwang zur Bevorratung gibt es nicht.

Die deutsche Gasbranche hält 46 Untertage-Gasspeicher. Das sind die größten Speicherkapazitäten Europas. Die Speicher dienen unter anderem dazu, das kontinuierlich strömende Gas und den schwankenden Verbrauch auszugleichen. In verbrauchsschwachen Zeiten wird Gas zwischengelagert. Laut Bundesverband der Energie- und Wasserwirtschaft haben die deutschen Erdgasspeicher eine Kapazität, die einem Viertel des Jahresverbrauchs von 2007 entspricht. Laut Wirtschaftsministerium reichen die deutschen Vorräte, um den durchschnittlichen Verbrauch von 80 Tagen zu decken. Der Außenhandelsverband für Mineralöl und Energie (AFME) erklärte, sie reichen für 40 Wintertage.

Der AFME plädiert stark für eine nationale Gasreserve, Gasunternehmen wie Eon Ruhrgas oder Wintershall sind dagegen, weil sie diese als eine Wettbewerbsbremse einstufen. Wintershall beispielsweise unterhält zusammen mit Gazprom in Deutschland und Österreich Speicher, die neben der Bevorratung dazu dienen, einen steten Gasfluss abzunehmen und gegebenenfalls über gute Positionen für den lukrativen kurzfristigen Handel zu verfügen. (8)

Fazit

Der Staat ist derzeit ein gefragtes Gebilde. Vielen gilt er als Retter in der Not. So soll der Staat sich in der Bankenaufsicht stärker involvieren, er soll der lahmenden Wirtschaft mit Konjunkturpaketen unter die Hand greifen, und nun erreicht ihn auch ein Hilferuf bei der künftigen Sicherheit der Gasversorgung unserer Volkswirtschaft: eine nationale Zwangsgasreserve soll her.

Fallbeispiele

Die Verknappung des Gases infolge des russisch-ukrainischen Konflikts ist auch in Bulgarien, der Türkei, Rumänien, Österreich, Griechenland, Mazedonien, Kroatien, Serbien, Ungarn und der Slowakei zu spüren. Etliche Länder versuchen seit Ausbruch der Krise ihren Gasverbrauch zu drosseln. Beispiele:

Slowakei: Wegen des fehlenden russischen Erdgases wurde die Produktion in den slowakischen Autofabriken von Peugeot und Kia unterbrochen. Auch die Raffinerie Slovnaft und der Stahlproduzent US Steel drosselten ihre Produktion.

Bulgarien: In der Hauptstadt Sofia werden öffentliche Verkehrsmittel am Tag nicht mehr beheizt. Bulgariens Notfallplan garantiert die Gasversorgung nur noch für Krankenhäuser, Schulen, Kindergärten und kommunale Fernwärmeversorger. Dem Autozulieferer Continental drohen wegen Gasknappheit schon bald Produktionskürzungen und -stillstände. Neochim, eines der größten chemischen Unternehmen des Landes, musste wegen der Versorgungslücke bei Gas die Produktion einstellen.

Serbien: In einzelnen Städten werden

Hunderttausende Wohnungen nicht mehr beheizt.

Ungarn: Die Gaszuteilung wurde reglementiert, die Nutzung der strategischen Reserve freigegeben, Kraftwerke und Zementfabriken sollten auf alternative Energien umstellen, der japanische Autohersteller Suzuki setzte die Produktion aus.

Rumänien: Die Regierung rief den Versorgungsnotstand aus und forderte die Betriebe zum Umstieg auf andere Energieträger auf. Der Notstand erlaubt es den Betrieben, Kohle, Erdöl und andere Energieträger ohne öffentliche Ausschreibungen zu kaufen, um Versorgungslücken zu vermeiden.

Polen: Dort wurde laut Energieversorger PGNiG den zwei größten Unternehmen, dem Chemiekonzern Azot Chem Pulawy und dem Ölkonzern PKN Orlen, die Gaszufuhr gedrosselt.
Kroatien: Die Belieferung von Industriebetrieben wurde vorsorglich eingeschränkt.

Griechenland: Die Griechen setzen vermehrt auf Flüssiggas und wollen dieses verstärkt aus Algerien anlanden.

Türkei: Die Türkei verfügt über eine eigene Pipeline nach Russland. Über diese Blue-Stream-Route können die Lieferausfälle aus der West-Route zumindest teilweise ausgeglichen werden. Zusätzlich will die Türkei mit dem Iran neue Lieferverträge abschließen.

Österreich: Laut OMV, Österreichs führendem Gas- und Ölproduzenten, kamen in der Pipeline am Gas-Übergabepunkt Baumgarten unweit der österreichisch-slowakischen Grenze nur noch zehn Prozent der normalen Liefermenge an. OMV pumpte deshalb Ersatz aus eigenen Erdgasspeichern in das österreichische Netz. Der österreichische Baustoffhersteller Wienerberger plante einen Produktionsstopp im dortigen Werk. Das Wirtschaftsministerium mahnte an, dass die Kraftwerke verstärkt von Gas auf Öl umstellen sollen. Auch Gas-Rationierungen für die Industrie könnten nicht ganz ausgeschlossen werden. [(9)](), [(10)]()

Zahlen & Fakten

Starke Abhängigkeit

Anteil des russischen Erdgases am Gesamtverbrauch in Prozent	
Mazedonien	100%
Slowakei	100%
Bulgarien	96%
Griechenland	82%
Tschechische Republik	79%
Österreich	74%
Ukraine	66%
Slowenien	64%
Türkei	64%
Ungarn	54%
Polen	47%
Kroatien	37%
Rumänien	28%
Deutschland	37%
Italien	25%
Frankreich	20%

GBI-Genbs Grafik

Quelle: EIA, Energy Intelligence, CIS und E.European Databook, Gazprom Jahresbericht 2006

Entnommen aus: Handelsblatt Nr. 4, 07.01.2009

Deutscher Energiemix

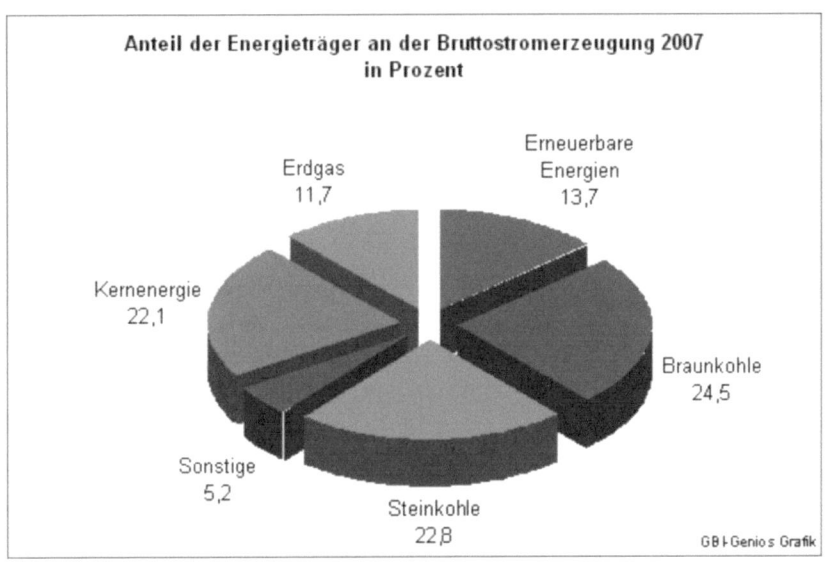

Quelle: AG Energiebilanzen

Entnommen aus: Handelsblatt Nr. 8, 13.01.2009

Weiterführende Literatur

(1) Der Zickzackweg des Brennstoffs
aus Frankfurter Allgemeine Zeitung, 08.01.2009, Nr. 6, S. 4

(2) Auf dem Nullpunkt
aus Handelsblatt Nr. 004 vom 07.01.09 Seite 2

(3) EU als Moderator

aus Handelsblatt Nr. 006 vom 09.01.09 Seite 8

(4) Erdgas - die wichtigsten Fragen und Antworten
aus Handelsblatt Nr. 005 vom 08.01.09 Seite 3

(5) Europas Streben nach Unabhängigkeit
aus Frankfurter Allgemeine Zeitung, 08.01.2009, Nr. 6, S. 5

(6) Gibt es den optimalen Energiemix?
aus Handelsblatt Nr. 008 vom 13.01.09 Seite 5

(7) Der ominöse Zwischenhändler
aus Handelsblatt Nr. 007 vom 12.01.09 Seite 3

(8) Regierung denkt über nationale Gasreserve nach
aus Handelsblatt Nr. 005 vom 08.01.09 Seite 3

(9) Ungarn und die Slowakei schränken die Gasversorgung ein
aus Frankfurter Allgemeine Zeitung, 08.01.2009, Nr. 6, S. 4

(10) Kalte Zeiten im Osten
aus Handelsblatt Nr. 006 vom 09.01.09 Seite 2

Impressum

Erdgaskrise - Gaskonflikt lässt Ruf nach Mehr Staat in der Gasbevorratung laut werden

Bibliografische Information der deutschen Nationalbibliothek

Die Deutsche Nationalbibliothek verzeichnet diese Publikation in der deutschen Nationalbibliografie; detaillierte bibliografische Daten sind im Internet über http://dnb.d-nb.de abrufbar.

ISBN: 978-3-7379-2362-0

© 2015 GBI-Genios Deutsche Wirtschaftsdatenbank GmbH, Freischützstraße 96, 81927 München, www.genios.de

Alle Rechte vorbehalten. Dieses Werk ist einschließlich aller seiner Teile – z.B. Texte, Tabellen und Grafiken - urheberrechtlich geschützt. Jede Verwertung außerhalb der Grenzen des Urheberrechtsgesetzes bedarf der vorherigen Zustimmung des Verlags. Dies gilt insbesondere auch für auszugsweise Nachdrucke, fotomechanische

Vervielfältigungen (Fotokopie/Mikroskopie), Übersetzungen, Auswertungen durch Datenbanken oder ähnliche Einrichtungen und die Einspeicherung und Verarbeitung in elektronischen Systemen.